만인시인선·57

이런 날이 왔다

정재숙 시집

이런 날이 왔다

만인사

자서

나는 왜 아직도 내게로 와서 나의 시가 되어줄 언어들에 대해서 더 떳떳하고 더 자랑스럽지 못 할까.

이겨내며 살았고, 견뎌내며 써 온 순간 순간들을 사랑하려고 내 몸의 세포란 세포는 다 열어놓고 오늘에까지 이르렀다.

남은 날도 그렇게 살 것이다. 시도, 삶도 다 내 것이니까. 삶과 시에 대해 더 떳떳하고 더 자랑스러워지도록 살 것이다.

차 례

2

차 례

3

4

차 례

5

| 해설 |

1

봄눈

두 눈 동그란 어린 것들이
쉬지 않고 깔깔거리며 웃어대는
웃음소리가 하늘까지 간지럽혀
드디어 하느님까지 참지 못하고
숨 넘어가게 깔깔거리기 시작했다.
목젖이 다 들여다보이는 하느님의
입 속에서 저렇게 끝없이
쏟아져 나오는 웃음.

찰칵, 그냥

봄꽃 쳐다보다
갑자기 눈시울 뜨거워져서
허허 웃고 말았다.
가슴 한 쪽이 조금 가벼워진 것 같다.

손 잡고 가던 어린 것이
왜 웃어요. 꽃이 뭐라고 해요?
뭐라 하긴, 그냥.

어린 것 손 잡고 갈 때
꽃 봐도 울지 말아야겠다.

나의 어린 것들·1

조롱조롱 달렸구나.
여리고도 어진 열매들
봄 오고, 여름 오고, 가을 오고, 겨울 오고
봄 가고, 여름 가고, 가을 가고, 겨울 가고
내 몫으로 잡아온 억겁의 긴 끈 한 자락
너희들이 받아 들었구나.
다시 영원으로 이어질 그 긴 끈의 한 자락
나 오늘 보고 있구나.
끝나지 않을 새 봄볕이 내게 와 머물렀구나.

나의 어린 것들·2

1
달콤하고,
따뜻하고,
보들보들하고,
달착지근하고,
따스하고,
말랑말랑하고,
방글방글 웃기 시작한
너.
너야.
그래, 너야.

2
네가 누구지.
너 어디서 왔지.
어디서 요런 게 왔지.
너의 옹알이는
천상의 노래구나.

3

눈만 마주치면 방실방실 웃는
너를 보고 웃지 못 한다면
캄캄한 어둠 속의 짐승
봐도 봐도
사람꽃이 제일 예쁘다시던 할머니
그걸 눈 앞에서 보게 되었으니 참 복되다.
붉은 열매 주렁주렁 달린 대추나무,
가을이 되었구나.

팔랑거리는 아이들

지금 지구의 중심에는
나붓나붓 꽁지 흔드는
작은 새가 있을 뿐이다.
종종종 그 새는 걷는다.

고무줄을 넘는
작은 여자아이 서넛
팔랑팔랑 치마가 흔들린다.
높이 날아오르는 날개로 팔락인다.

고무줄놀이하던 작은 여자아이들
새가 난 줄 모르고 그저 논다.
그저 난다. 훨훨,
지금 지구의 중심에는
팔랑거림만 있을 뿐이다.

물의 몸짓

꿈을 건너야 만나는 강이 있다. 쉬지 않고 꿈틀거리는 푸른 몸뚱이 속에 내 날개를 구겨넣은 이무기가 살고 있는 강이다. 내 푸른 꿈, 이제는 단풍 들어 누렇게, 붉게 변해버린 내 푸르렀던 꿈들도 함께 요동친다. 흐르다가 비늘이 생기면 바다에 가 닿는 잠들지 못하는 영혼들까지 다 따라 들어 뒤척이는 강, 작은 물방울조차 지느러미 꼬리가 되어 숨은 날갯짓을 불러내느라 물살을 거스른다. 강을 빛나게 하는 건 거슬러 오르는 물의 몸짓이다. 푸른 날개가 구겨져 숨어 있는 이무기의 덜 깬 꿈이다. 끝나지 않은 꿈이다.

꿈을 쉬다

내 맘 속 깊은 곳
들여다보는 눈길 하나 기억하며
꿈이 끝난 잠 속에
오래 누울 것이다.
구름 위에 뜬 하늘을 쳐다보느라
발 끝에 있는 오늘을
제대로 밟아 본 일 없었던 허물
껍질로 벗어놓고
이젠 꿈꾸지 않을 것이다.
깊이 잠들어 잊혀질 것이다.
벗어놓은 껍질을 보고
누가 나를 기억해 준다면
그게 바로 오늘을 사는 일이라고
속삭여 줄 것이다.

봄이다, 젖꼭지 같은

돌이킬 수 없는 봄처럼
돌이킬 수 없는 사랑도
붉은 꽃잎으로 툭툭 떨어져 내린다.
아우성이다.
걷잡을 수 없이 한꺼번에
세상 밖으로 튀어나온
젖꼭지 같은 풀잎들, 꽃잎들
화근내다 단내다.
피 터지게 두꺼운 껍질을 찢어 버려야 하는
시간이 지나고 찾아온 고요.
꽃가지 그늘에서 그늘로 날아다니는 새
흩날리는 봄빛 사랑이다.

두툼한 발

두툼한 발이
손에 꽉 찬다.
구멍 난 생애가
가득 메워지고
코에서 화하게
박하사탕 냄새가 난다.
사랑이
희망이
보이지 않는 내일이
후다닥 후다닥 가슴 뛰쳐나와
온몸으로 달음질친다.
따뜻한 발이
남은 생애를
꽉 채운다.
나는 이것들의 할미다.

봄물 든 아침

버리지 못한 말들
주절주절 꿰어 건 목걸이가
유일한 치장인 늙은 아침

그 여자는 거울 들여다볼까.

한 세상 판화로 찍혀 있으리라 믿은
거울은 거울 속으로 훨훨 날아가 버리고
겨울을 견딘 날개로 봄의 속살 간질이는
노랑나비 한 마리 헤엄쳐 나오고 있다.

재채기로 터지는 숨 가쁜 화답
봄물 뚝뚝 떨어지고 있다.

이월, 꽃잎에 젖었다

나 하루 종일
후두둑 후두둑
낮은 지붕 두드리는
빗소리하고만 놀았다.

그런데
너무 속속들이
젖었다.

사뿐
발등에 떨어지는
봄의 눈물에
내 발 씻었다.

꽃밭

사랑하는 사람 하나
꽃씨처럼 가슴에 품으면
눈길 닿는 데마다 꽃이 핀다.
저 먼 달에도
이제 지천으로 꽃 핀다.

2

잘이란 말

잘,
잘,
잘,
잘이라는 말의 깊이에 이르자면
터럭 끝만큼도 어림없겠지만,
구멍 뚫린 그물코로 빠져나간
검푸른 시간 다 주워 와도
한 올도 기워낼 수 없는 거리지만
그래도 가슴이 꽉 차 올라
잘 지내시는지요.

고양이 울음에 갇히다

고양이가 운다.
야옹야옹으로 쓴다.
들을 때마다 다른 소리로 들린다.
아~으 아~으
속살 떨림
아그르르 아그르르가 맞을 것 같기도 한 저 소리
집과 담장 사이
좁은 뒤안을 뱅뱅 돌며
아~르흐 아~르
심장을 쥐어짜는 소리다.
고양이와 나는 어떤 관계인지
울음 한 소절도 그냥 지나가지 않는다.
고양이 가~르르 가~르~르
방 안에 누운 내 간이 다 타들어 간다.
아직도 그 한 소절 도통 무슨 뜻인지
내 영혼은 한 마리 고양이 꼬리도 못 잡고
눈 먼 걸음으로 허우적거리는데

집과 담장 사이 그 좁은 어둠에서
벽화로 달라붙는 고양이 울음소리.

골목길

고양이, 사뿐 길 위로 내려앉는다.
저녁 어스름, 고양이 뒤를 살금살금
도둑처럼 따라와 답삭 업힌다.
고양이, 갑자기 검은 치마폭 같은
세상의 어둠을 뒤집어쓴다.
골목길 담장 밑이 팽팽하게 부풀어 오른다.
건잡을 수 없는 발기가 시작된다.
붉은 노을 거뭇거뭇 사라지려는 하늘 위로
고양이 울음소리 번진다.
수 십 년 묵은 장지문 저 쪽
가래 끓는 소리보다 더 숨 막히는,
통통하게 살 오른 몸뚱이 입가심으로
길 위의 어둠을 다시 핥는다.
하루치의 생존이 어둠보다 더 충만하다.
그제야 자박자박 사라지던 어둠이
나를 다시 껴안기 시작한다.

초록 바람, 너 아니었니

잎눈 꽃눈 다 잠긴 홀연 어느 날 아침 매화나무 가지에 날아와 노래하던 낯선 새 너 아니었니 춤추는 달 그림자로 잠긴 창문 흔들어놓고 간 거 너 아니었니 꾸다만 꿈속 꽃향기로 나를 껴안고 간 뜨거운 손길 너 아니었니

뒤통수에 눈 하나 달고

그냥 두면 갑자기 툭 앞이 캄캄해진다며 눈 속 깊이 마취 바늘을 수직으로 꽂는다. 두 눈 멀쩡 뜨고 평생 지은 죄 한꺼번에 다 갚기라도 하듯 납작 엎드려 있다. 고개도 들면 안 돼 갈수록 짓눌러 오는 머리통 죄는 점점 더 부풀어지고 무거워지기만 하고, 얼마나 뒤틀어 눈알을 굴려대었기에 구멍이 뚫리고 신경줄이 끊어졌다는 건지 내 눈 내가 찌르며 산다고 입바르게 나불댄다. 그때마다 빛 한 가닥씩 영원한 어둠 속으로 사그라졌던 것을, 죽은 듯 엎드려 마음 속 문 열리는 소리라도 들어야 하거늘, 살아 꿈틀거리는 몸부림으로 고개 처박고 뒤통수에 눈 하나 새로 낼 요량이나 하는, 다시 피 철철 흘리는 남은 눈마저 위태로운 짐승이 여기 있다.

매미 날개를 버리다

벗은 허물을 버리지 못 해 하루 어깨가 찢긴다. 가볍게 이 나무에서 저 나무로 날아 앉아 짝짓기를 위한 노래에 온몸 떨고 있을 때 피 흥건하게 고였다. 흘러내린 자리 날개가 돋고 그 몸 날개로만 살아나 끝없는 날개짓만 계속한다. 허물 속에 갇혔던 붉은 몸짓 다 버리고 날아오르자. 몸이었던 허물 벗어나 이제 드디어 온전히 허물이 된 날개, 날개로 날다가 날다가 한 줌 먼지로 삭아지는 몸을 버리고 날아 오르자.

편지

—말, 말들

*

세상에 꽃 피고 지는 일
만만하게 보이더니
지난 봄부터는
꽃잎 떨어지는 아픔에 손끝이 저립니다.

*

아버지 산소를 지나쳐 왔습니다.
뒷자리에 앉아 힐끗 한 번 뒤돌아보면서요
생각만 해도 가슴이 아리더니
이젠 아무렇지도 않더군요.
십 년 세월 한참 자란
무덤 둘레의 소나무만도 못하다 싶었습니다.

*

맘이 놓이는 건
다 따끈따끈하고 말랑말랑하데요.
겁나는 건

다 차갑고 딱딱하고요.
저요, 차갑고 딱딱한 속 뼈다귀에 말랑말랑한 살 가졌거든요.

*

어느 날 화분 속의 풀잎 한 포기
억지로 생채기 내어 보았거든요.
손가락에 진득진득 묻어나는 진액
검초록 풀물 비벼 보고서야
살아 있는 풀이란 거 겨우 알았거든요.
살아 있는 거 그거 알아내기 참 힘든 일이더라구요.

*

어머니 얼굴 생각 안 난다.
무어든 눈 앞에 없으면 그건 없는 거다.
어머니 이제 없다.
어머니 전에도 없었다.

이제 내가 어머니다.
없는 어머니가 다 되어가는.
이제 내가 어머니다.

*

눈 위의 새들은 겨울 아침의 편지다.
방글거리는 손녀의 작은 손가락으로
꼬물거리는 살아 있는 편지다.
더할 데 없이 깨끗한 언어다.
몸짓이다.
노래다.
눈 온 날 아침은 태초의 말씀이다.

*

제주도 약천사 대웅전, 까마득한 부처님 머리 위로 제비 날다. 너무 멀어 잘 보이지도 않는 기둥 꼭대기에서 꺄륵꺄륵 고개짓하며 날고 있는 한 마리 제비. 부처님 너무 광대한 몸, 마음 안에 담기 엄두조차 못 내 가슴 콱 막히더니 저 광대 무변을 날고 있는 제비 하늘을 열어주는구나.

*

사는 거
다 식어 가는 일이에요.
마음도 식어 가고,
몸도 식어 가고,

*

무위의 아침이면
냄새 나는 썩은 똥통이에요.
그 똥통 비우는 일이
가장 큰 일이 되어 버렸어요.
부끄러워 몸 감추고 싶지만요.
그게 살아있는 거래서요.

나무의 춤

옷을 다 벗어 버린 나무의 춤은
겹겹이 껴입고도 추운 내 몸처럼 앙상하다.
갈비뼈 사이를 손가락 사이로
물 흐르듯 다 빠져나와 버린 사랑은
이제 꽃도 잎도 아니다.
밤에도 쉬지 못하는 나무의 그림자는 목마르다.
생각이 깊어 가는 나무는
몸을 이리저리 흔든다.
이제 몸만 남았다.
아까울 것 없이 처연한 춤추기로 겨울을
견딜 수가 있겠다.
별이 달보다 먼저 뜨는 초겨울 저녁
나무를 마주 보고 선다.
별빛을 입으며 별나라에서 온 것처럼
마음이 나무에게 고개를 끄덕일 수 있다.

비늘 조각

헝클어진 옷장 서랍 속 같은 내 머리통을 열어 보면, 살아서 죽음에 손댈 수 있는 건 죽음, 낯선 사람 이름 부르듯 죽음이란 낱말을 혀끝으로 굴린다. 하늘이 끝이 없다는 것 생각할 때만큼이나 캄캄하다. 끝없는 길에서 끝이 난다는 일을 생각해 낼 때만큼이나 막막하다. 나에 대해 제대로 아는 것 없이 주어진 몸 하나 받아들고 용하게도 육십 년 넘게 살아왔지만, 그 모르는 나도 내가 나인 것은 느낄 때뿐이란 것에 가슴이 떨린다. 죽는다는 거, 내일 아침에 일어나 다시 한 번 살아 보고 말해야겠다.

기억의 언저리로 여름 해가 진다

누구에겐 기억의 언저리에조차
찍히지 못할 하루였겠지만
내 무늬는 여리고 한들거리며 붉었다.
흙담 위에 나란히 줄지어 피던
앉은뱅이꽃에 어리던 저녁 햇살
어룽어룽 눈물보다 더 곱게 번지던 꽃빛
밤은 꽃빛 속으로 숨어들어 날마다
곱게 피고 지고, 또 해는 지고
눈물보다 더 고운 날
오늘도 서쪽 하늘에 해가 진다.
살아 있는 기억의 틈새 앉은뱅이꽃
사방연속무늬로 찍힌다.

소매물도

바다로 해가 걸어 들어간 뒤 쓸쓸한 저녁 하나가 등대 지붕 위에 얹힌다. 소리쳐 부르면 깊은 하늘을 꿰고 벌떡 일어설 것만 같은 밤바다. 우르르 쏟아지는 검은 피에 흠뻑 젖어 캄캄해지다.

비둘기는

반야바라밀다 끝 부분쯤 보았네.
지붕 꼭대기 꽁지 까불거리는 비둘기 한 쌍
우리들이 버렸던 눈먼 시간을 콕콕 쪼아 먹다가
대웅전 지붕 위를
한 바퀴 돌아 땅으로 내려앉네.
아까보다 먹을 게 더 많은 모양
종종걸음으로 고개 까불거리며 정진하네.
목숨 이어 갈 수행, 바람 한 줄기 불어오네.
비둘기 거룩한 몸짓이네.
날개짓 한 번 없이 그대로네.
오늘 정말 볼 것 보았네.

한밤중

천 년이 따로 없다. 지금이 천 년이다. 자고 깨도 아직 거기 먼 이름 새벽. 단 하루만 남은 밤처럼 지금이 그날이다. 끝없는 낭떠러지 끝자락 밟고서 어디 개 짖는 소리 따라 울어 본다. 그 낯익은 한 소리 눈 덮인 밤이다.

목마름

바다를 건너온
새의 그림자에라도 안기고 싶어.
밤바람 소리보다 더 피나게 가슴을 후벼 파는
고양이 소리라도 으스러지게 껴안고 싶어.
어둠이 거짓말처럼 사라질 때까지
몸이 몸을 이리저리 흔들며
다시 한때가 지나가고,
거짓말 같아질 절망의 몸을
거짓말처럼 껴안고 싶어.

티눈

생애의 허술한 빈틈을 뚫고 들어와
내 발바닥에 뿌리 내렸다. 보란 듯이
보란 듯이 아프다.

살 속을 파고드는 집요함.
그래 사랑, 너는 내 심장에 박힌
티눈이다.

3

짐승의 길

해질 무렵
남모르게 너를 만나러 지하도에 들어선다.
지하도에서는 저녁노을이 보이지 않아
가슴 아플 일도 없다.
마지막 불꽃처럼 타는 사랑이 이것이다 싶지 않아 좋다.
둥근 노을빛이 무덤의 천정처럼 느껴지지 않아 좋다.

네게 가는 길이 지하도뿐이라만
나갈 길 없는 땅 속에 잠시 나를 파묻고
지상으로 오르면 부활에 이르는 문 열리는 셈이지.
잠시 불꽃이다가 이내 사그라지고 말 것이란 게
불 보듯 뻔한 일인데도
무덤까지 가져갈 듯 목이 마르다.
컴컴한 어둠 속에 웅크린 짐승,
저기 출구가 보이는 곳까지 걸어 오르자.

먼지 인형

재로 만든 인형 같이
만지면 바스러지는 시간만 있었을 때
임계질량이 이르지 못한
피의 한계 안에서
내 인생은 숨이 찼다.
가파른 고갯길 같이 교활한 희망은
일어섰다 앉았다를 반복했고
아무것도 만들지 못한 사람들끼리 모여
주물럭 주물럭 주물러낸 찰흙덩이처럼
제멋대로인 모양으로 되어 가고 있었다.
푸른 겨울 밤하늘 한 자락
벌거벗은 나뭇가지 끝에
깃발처럼 펄럭이는 초저녁달이
반짝이는 길을 내며 나를 불러내었다.
달이 낸 길을 따라나선 길이 여기까지였다.

시간의 간섭

칠성시장을 지난다.
벌건 고무 함지박 속에서
온몸을 뒤틀며 돌아다니는
미꾸라지 까만 몸놀림
그 위에 소금 한 주먹
하얗게 뿌려지는 것 어른거린다.
여름 하늘 구름덩어리 덮치듯 엉겁결이다.
갑자기 내 웃옷 앞지퍼만 열면
서슴없이 그게 내 심장인 줄 알고
빨간 피 거꾸로 쏟아부을 것 같아
얼른 떠난다.

헌 의자

낡은 기억들만 소복이 앉았다.
깃털처럼 날아가는
낡은 의자 하나 있었대요.

먼지 한 톨 무게도 얻지 못하고
먼지 한 톨 자리도 차지 못하고
스치듯 뽀얗게 날아간
기억 하나 있었대요.

지는 해를 가슴에 안고
마주 보며 안겨 오는 어둠 맞이한
사람 하나
낡은 기억으로 시간을 어루만지던
허리가 휘어버린 의자 하나 있었대요.

잠시 시간은 흐르고
귓가 스치는 바람 소리 들었던가.

그림자를 얹어놓고 살풋 잠들던 나뭇가지에
꽃으로 덧피어나던 달빛 내음 맡아 보았던가.
헌 의자 이제 초록으로 물들고
달빛보다 가벼워진 몸 선물인 양 내려놓고
쉬고 있는 사람 하나 있어요.

햇살

그래도 아직은 쓸 데가 있는
폐지 손수레를 밀고 가는 할머니
자신의 무게로도
꼬부라진 허리, 주먹만한 얼굴
납작 짓눌릴까 주저하던 햇살이
조심조심 와 업힌다.

저녁 햇살이 등에 와 업힌 것도 모른 채
저만치 손수레에 매달려 가던 할머니
꾸덕꾸덕 말라 쭈그러들기 시작한
호박 오가리 같은 생애가
날개보다 가볍고 따뜻해진다.

뒤따라가고 있는 내 어깨를
누군가 토닥거린다.
깜짝 놀라 뒤돌아보니
저녁노을만 가득 찬
이제 텅 빈 골목이다.

생각이 엉키다가

내가 더러워지는 데 걸리는 시간은
멀리 있지 않았다.
새까맣게 타버린 냄비 바닥을
수세미로 박박 문지르다가,
하수구로 흘러 들어가는 검정물을
생각 없이 바라보다가,
저게 내게서 씻겨 나가는 물인가
다시 생각이 엉키다가,
새카맣게 탄 냄비 바닥을 닦느라 써버린 시간도
내가 살아야 할 시간 박박 긁어내는 시간이었구나.
아까워라 아까워 다시 또 생각에 엉키다가,
반나절을 일 없이 훌쩍 보내 버리고
다시 아까워라.
기가 막히는 시간
나는 그렇게 되어지고 있었다.

모래강

내가 소금기 하나 없는
하루를 사는 거나
낙타가 등불 하나 없는
사막을 건너는 일이나
날마다 똑같은 길을 걷는
액자 속 그림과 다를 게 없다.

거기 꿈에 희롱 당하고 싶지 않은
붉은 해 하나와
캄캄한 어둠 속에서 더욱 활활
타오르는 여자 하나와
차디찬 소금기를 씻으러
모래강 속으로 걸어 들어가는
낙타의 고삐를 목에 건 사람 하나와
지다 만 꿈 하나가 걸린
그림이 있다.

미술 시간

나뭇잎에도 뼈가 있다. 잎자루에서 잎 끝으로 난 나뭇잎의 척추는 길고 굵다. 나뭇잎의 모양을 만들어내고 있다고 허리가 꼿꼿하다. 그 허리를 가운데 두고 잎 끝까지 가늘고 짧은 뼈들이 촘촘하다. 나뭇잎은 이 꼿꼿하고 빳빳한 뼈들 등 뒤에다 감추고 뼈대 없이 살랑살랑 나긋나긋 춤추고 있다. 나는 어느 날 그의 뼈 중의 뼈에 푸른 물감 듬뿍 칠해버렸다. 하얀 종이 위에 살살 눌러 콕콕 찍어내었다. 흰 종이에 찍힌 그의 푸른 뼈들. 바람 없어도 나뭇잎의 본질이 푸르게 누웠다. 도도한 뼈들의 흔적이 나에게 손을 내민다.

훤한 길

지렁이 눈물이 길을 덮을 때쯤
비는 내려야 하는데,
지렁이 핏물이 길을 덮을 때에야 비는 내린다.

그 비로는 어림도 없다.
말라붙은 지렁이의 눈물과 핏물 씻어 내리기에는,
사람다운 사람의 눈물이 비가 되어 내려야만
그 눈물이 씻길 것이다.
핏물이 씻길 것이다.

뭉툭 산허리를 잘라내어
새로 낸 길 위에서 길 잃는
저것들을 어쩌라고,
내가 길 잃고 마는 이 캄캄함,
너무나도 훤한 어둠.

걸레에 대하여

걸레 보고 걸레 같다고 하면
걸레의 얼굴은 얼마나 더 구겨질까.
강아지 보고 개새끼다 하면
내 입은 얼만큼 더 더러워질까.

찢어지고, 헤지고, 닳아서 너덜거리고, 더러워지고,
그래 나도 걸레다.

한 처음 눈부시게 깨끗했던 때
누가 걸레처럼 눈부시다 했을까.

아름답던 한때가 있었다는 걸 잊지 않고 사는 걸레는
날마다 희게 몸을 씻으며 죄도 씻어 보내고
그제야 이제 깨끗하다.
날개를 만들어 낼지도 모른다.

허수에게

너는 웃지 마라.
참새에게 쪼여 내 코 끝이
빨갛게 부어오른 것을 보고,
소리내어 웃지마라.

밤낮으로 쳐든 두 팔 보고
놀라는 새는 없다.
철모로 바꾸고 장총 들고 선다 해도
나는 더욱 놀림감이 되어
코 끝 쪼이는 일도 없어질 거다.

허수야, 너는
허수아비가 되지 마라.
속없이 실실 웃고 가는
바람이 되더라도.

밤을 살다

밤은 강에서 금방 건져올린 물고기다.
은빛 비늘 번쩍이며
펄쩍펄쩍 뛰어 오르는
필사의 춤이다.
등골 타고 흐르는 떨림
반 쪽으로도 밤을 빛내던 달이
강으로 풍덩 뛰어든다.
순간 번쩍 한 줄기 빛으로 탄다.
오늘 밤도 축복이겠다.
집집마다 폭죽처럼 터져 나오는
저 불빛.

겨울 장미

절개지 철망에 매달려
이제 피고 있는 장미를 어쩌라고
눈이 내리네.
눈발 퍼붓네.
붉은 꽃잎이 흰 눈의 심장이 되네.
겨울의 가슴이네.
붉디붉은 겨울이네.
나의 억장이네.
내 영혼이 몽땅 스러져 엉긴 피네.
마지막으로 하나 남은 이름이네.

4

그림자조차 없는 날

양치 끝내고 거울 들여다보며 웃어 본다.
저쪽에서 아직도 가지런한 이 드러내며
어머니 나를 보고 웃고 있다.
웃는 모습이 엄마 닮아 예쁘다고 했었다.
어머니도 그렇다 했다.
어느 날 또 하루 어머니를 만난다.
천지에 엄마 그림자조차 없는 날.

따스한 날

가을볕 등에 쪼이며 걸어 보라 전생의 잘못까지 따스해지는 그런 날 있지 끝없이 걷고 걸어 꿈 없는 잠 속 길까지라도 걸어 들어가고 싶은 등 따슨 날 기역자로 걸어가는 할머니를 보았지 할머니 지난 밤에 꿈꾸었을까 나무가 흘리는 붉은 피가 꽃이라 알던 한 세상 할머니 몸 속에 꽃, 수많은 꽃 피워내던 문득 궁금해지는 자궁 속 꿈의 안부 오늘 지난 꿈 속보다 더 아름답던 꿈 없는 잠 속 길 기역자로 걸어가고 있는 꿈꾸기라도 했을까 가을볕보다 더 따스한 할머니 등에 업혀 가고 싶은 날

빈 집

늙은 어머니처럼 빈 집 문 열어 놓고 기다린다. 내 그 안에 깃들지 못해 담장 밖으로 기울어진 살구나무 꽃가지에서 떨어져 내리는 꽃잎만 헤아리다 돌아서곤 했다. 아직도 빈 집 혼자 걸린 빨랫줄처럼 늙어가고 해마다 한 치 어김없이 찾아오는 봄, 살구꽃 연분홍 꽃가지만 껴안고 흔들다 돌아가고.

우물 이야기

마을 어귀에 우물이 하나 놓여 있었어.
그 우물에도 누가 사는지 궁금했어.
지날 때마다 우물 전을 잡고 빼꼼이 들여다 보았어.
단발머리 아이가 고개 숙이고 쳐다보고 있었어.
푸른 하늘도 흰 구름도 다 내려다 보였어.

지금도 거기 놓인 우물 속 들여다보면
단발머리 작은 아이 만날 수 있겠지.
온 세상이 푸르게 빛나던 눈 온 밤
푸른 달을 올려다보며 컹컹 짖던 개 소리에
우물 속에 잠긴 달 하나가 흔들리던 그때처럼
눈 덮인 마을로 돌아가고 싶어.

그 푸른 하늘로 흰 구름 타고 둥실 날으고 싶었던
손에 물 마를 날 없어 거북 등처럼 손등이 갈라진
서러운 청춘 하나 있었는데,
푸른 달빛 건지러 남 모르는 그믐밤 하늘로 날아들었지.
시리도록 푸른 달빛을 건지기는 커녕

의붓어미 손톱만한 연민 한 조각도 얻지 못한 채
두레박줄 타고 내려간 장정의 팔에 안겨
고래처럼 긴 한숨 내쉬며 살아났다던 영희 아지매.
그 후론 아무도 그 우물 속 들여다보며 물 길어 올리지 못했지만
달빛 푸른 밤이면 긴 우물 그림자 끌고
전설처럼 흔들리며 서 있을지도 모르는
나 그곳으로 돌아가고 싶어.
이제는 돌아가 살고 싶어.

엄마는

엄마, 하고 부르면
마른 꼭지도 안 떨어진
애호박 두어 개 조롱조롱 달고 있는
덩굴조차 기다란 팔 뻗쳐
오냐오냐 그래그래 하며
토닥토닥 등 두드려 줄 것 같은
해거름 내 눈물처럼 울어주던
하늘도 붉어진 눈 막 감아버린
어둠.
어둠.

핏빛 놀이었어, 엄마는.

숨죽여 울다가

그리운 이름도 갑자기 낯설어지는 그런 날
남 다 자는 밤 숨죽여 울다가
꽃다지, 냉이, 찔레꽃, 앵두꽃, 살구꽃, 복사꽃
그것들 이름이나 눈물처럼 훑으며
별빛 쏟아지던 마당 멍석자리에 누워
쳐다보던 하늘로 날아오를지 몰라
살아서 내가 나를 모르던
젖먹이 같이 귀한 시간이 찾아오면
엄마 젖가슴 파고들며 옹알이하던 몸짓으로
맘껏 엄마, 엄마
다시 없는 그런 때 사는 거 맞겠지

어미

껍데기만 남은 건
다 어미다.
할머니 그러셨다.
골뱅이 껍질 같다 골뱅이 껍질 같다.
물거품으로 속을 채운 골뱅이 껍질로
동동 물결 따라 흘러가신지 반백 년도 넘었다.
어머니 그렇게 속 다 파먹힌 빈 껍질로
떠내려간 지도 수십 년 되었다.

말없이 사라지는 거 그거 다 어미다.
해거름 녘 물 속 너럭바위 위에
새까맣게 달라붙어 있던 새끼 골뱅이들
내 아직 어릴 적 그 골뱅이들
그 어미에 그 어미에 그 어미였던 것들
그 새끼에 그 새끼에 또 그 새끼였던 나도
그 어미들처럼 동동 물 위에 떠서
흘러가겠지.

껍데기만 남은 어미는
이제 어미가 아니다.
흘러도 자꾸 흐르는 강물이다.

단풍나무 그늘에 들다

어머니 여기
단풍나무 아래예요.
해마다
가을이 고운 나라
단풍나무 그늘에 들면
길이 보여요.
빨간빛 속에 숨은
빛의 길이 보이고,
노란빛 속에 숨은
빛의 길도 보이고.
숨은 빛 속에 숨은 색색의 빛이
실타래처럼 엮어주는 길이 보여요.
어머니,
길이 보여요.

그의 딸이기 전에

또 다른 무엇이 된다는 걸 겁내는 게 꽃뿐만이 아니다. 알고 보면, 그걸 알기 전에 이미 또 다른 무엇이 되어 있는 그때가 지금이라면 내가 그의 딸이기 전에 꽃잎이었던들, 새였던들간에 다만 내가 그의 어미이기 전에 또 다른 무엇이 된다는 데 겁을 먹은 꽃이었다면 꼭지 떨어진 자리에 동글동글 맺힐 열매일 줄 미처 모르고 죽어도 아니 떨어지겠다고 버석버석 마른 꽃몸으로 몸부림친 그런 꽃이었다면 두 무릎 꺾이도록 꿇어앉아 통곡할 일이지. 또 다른 무엇이 된다는 게 그래, 어미인 것을 알았다면 피기도 전에 지고 싶었던, 그래, 어미가 되지 못했을 단 한 번의 곁눈질쯤은 이제 스스로 용서해도 되지 않을까.

빈 무덤

우리 거기로 가서 엄마를 빈 무덤에 눕혔어.
아버지 곁이라고, 죽음 함께 하고 누운 게
정말 영원히 함께 사는 거라고
빨간 주머니 속 우리도 함께 들어 있노라고
슬픔을 위로하며 울었어.
그거 다 거짓 생각인 줄 알지만
살아 있는 자를 속이는 죽음이었어.
그리고 흙을 덮었어. 꽁꽁 밟아대는 거 보고
더 세게 더 세게 밟아 주길 바랐어.
꼼짝 못하고 거기 엄마가 있다 믿으려고,
그런데 엄마는 내 가슴 속에 그대로 남아 있었어.
세상의 어떤 것으로도 뺄 수 없는 대못으로 꽝꽝 박힌 채
가슴 속에 묻혀 있었어.
그러나 정말 두려운 건
아무리 밟아 눌러도 흙과 흙 사이 거긴 아버지만 누웠고,
아무리 피고름 흘려 가며 가슴 쥐어뜯어도
여기도 빈 무덤이라는 것.

엄마는 어디 갔을까?
다시 엄마의 자궁 속 깊이깊이 들어가 숨어버린
한 톨의 작은 씨앗, 아주 작은 씨앗.

옛이야기 하나

만촌동 청구시장 옆, 집에서
파티마병원 팔층 병실을
새벽 같이 어둠을 가르고
걸어오셨어.
머리칼 다 빠진 맨머리로
바작바작 말라 가는
노란 외꽃 같은 맏며느리 침대 머리에
엉거주춤 장승처럼 붙박이로
그러고 서 계셨어.
말씀도 없이 미동도 없이
침대 난간만 두 손으로 구명정 붙들고 계시듯
꽉 붙잡고 매일 새벽
그림자처럼 거기 서 계시다 가시곤 했어.
살아 있는 게 죄이고
살아 있어 더 이상 받을 벌이 없다는 얼굴로
벌 서듯이 서 있다 가시곤 했어.
내 지금 살아 있어

가장 가슴 서늘한 시간을 헤아려 볼 수 있어
옆에 잠든 어린 것 얼굴 들여다보며
날마다 눈물로 앙증스런 발 씻어낸다면
아버님 가슴 박은 대못
기워 갚을 수 있을까.

5

이런 날이 왔다

이제
우리 사랑은
마지막 남은 고기 한 점 같은 것.

노릇노릇 잘 굽힌 거
연하고 즙이 졸졸 흐르는 거
골라가며 먹기 바쁘다가

딱 한 점 남은 순간

이제 이건 사랑을 걸고도 모자라
결사적으로 그대 몫이다.

둥더쿵 둥실

꽃이란 꽃 있는 대로 죄다
머리에 꽂고
가슴에 안고
둥더쿵 둥더쿵 둥실
꽃이 되어 돌아치고 싶다.
회오리바람에 실려
더 이상 오를 곳이 없는 곳까지
오르고 싶다.
낙화 중에서도 가장 무거운 꽃이 되어
사뿐 꽃잎 위에 떨어져 내리고 싶다.
제대로 피어 보지도 못한
내 청춘을 용서해 주고 난 다음
한참을 울고 싶다.
빛깔도 향기도 새로운 눈물 꽃
그거 한 송이 피는 것
마지막으로 보고 싶다.

해 뜨는 아침에

얼음으로 뽑아낸
비단 같은 바다를 열고
하루치의 말씀이
손을 내민다.

사랑해.

네가 거기 있다.
네 얼굴이 보인다.

사랑해.
내 말이 된다.

사랑이 네게로 간다

내 살 속의 마음과
내 뼛 속의 마음이
내 살을 뚫고 내 뼈를 뚫고 나와
네게로 가느니
아픔은 이미 겪을 만큼 겪은 몸.
껍데기에 불과한 흔적 또는 무늬
어떤 이름도 지어 불러 줄 수 없고
어떤 색깔로도 나타낼 수 없고
어떤 모양으로도 보일 수 없어.
껍데기의 흔적 또는 무늬가 사랑인 줄 믿고
웃고 울기도 하고 남들처럼 살다가 사위어 갈 목숨
그게 사랑인 줄 믿고, 네게로 가 안기면 사랑
그 순간만은 사랑. 가슴 벅차다
나는 사랑이 그래도 네게로 간다고 믿고 싶다.

뚝

한 방울 눈물
전생의 무게까지 정제된 아픔

가슴 뛰는 순간
살아 있는 흔적

한 방울 눈물.
사람과 사람 사이
눈 한 번 감았다
뜨는 사이에도
놓치고 마는
눈물 나는 일.

그것들의 이름은

까마득한 하늘 올려다보며
까마득하다는 말의 빗장을 푼다.
까마득한 것들의 이름이
수도 없이 많은 별들로 쏟아진다.

아직 내게 닿지 않은 것들은
까마득하다는 이름이 될 수 없다.
전생도 이생도, 눈 뜨고 딱 한 순간
거기 내 몸을 스치고 지나간
바람 같은 것들, 그것들의 이름은
모두 까마득한 것들이 되었다.

전생도 이생도 후생도 다시 한 번 더
볼 수도 만질 수도 닿을 수도 없는 것들
까마득한 것들이 어둠이다.
너울너울 까마득한 별빛이다.
아직도 살아 있는 내 가슴이다.
만질 수도 쥘 수도 없는 그리움이다.

네가 없으니

네가 앉았던 나무둥치 하나와
등 기대고 너를 바라보던 느티나무 한 그루와
네 무릎 베고 잠들었던 긴 의자 하나와
무지개 선명한 물줄기 뿜어 올리던 분수대와
손 잡고 오르던 산비탈 오솔길과
그때 노랗게 물들던 은행나무 이파리들과
사과밭에서 빨갛게 익어가던 사과알들과
우리를 감싸돌던 나무 냄새, 풀 냄새, 바람 냄새들과
새소리, 물소리, 시냇물소리들과
같이 올려다보던 푸른 하늘과
포슬포슬 떠가던 구름 다 그대로인데
아무 것도 없이 세상이 터엉 비었어.

비는 씻김굿이다

그와 나 사이 또 며칠 째 비가 내렸다.

이어지는 비는 눈에 잡히지 않은 것들도 꽁꽁 묶어댔다. 묶이고, 묶이고 비는 질긴 오랏줄이 되어 단단히 묶어댔다. 비에 철벅거리는 그와 나 사이의 거리는 진흙구덩이다.

오랏줄에 묶여 진흙구덩이를 구른다.
그와 나 사이에 계속 비가 내린다.
펑펑 하늘이 그대로 내려앉는 눈물이다.
오랏줄도 씻기고 진흙도
씻겨 내려간다.
묶였던 것 다 풀렸다.
비는 씻김굿이다.

손독 오르다

해질 녘만 되면 상처를 더듬어 아물만하던 자리가 덧나서 쓰리고 아프다. 단단해진다는 건 어제의 아픔을 자꾸 꺼내 보고 억지로 딱지를 뜯어내며 소리치고 있는 몸부림 한바탕일지도 모르는 일인데, 스스로를 속이기에도 참 어설픈 놀이일 수밖에 없다. 생살이든 찢겨진 상처든 평생을 걸고 뜯어 가며 살지 않는 사람 누가 있다고, 뒷산으로 지던 해가 그림자까지 거두어 소리 없이 사라져 버리고 마는 아득한 시간을 견뎌 온 사람이라면, 한 번쯤 돌아서 눈물 한 방울 없었던 것처럼 흘리고 말지도 모른다는 생각.

대답이 그립습니다

늙어 가면서
참새처럼 조잘대기가
얼마나 힘에 부치는 일인지 아세요.
온갖 오두방정 떨며
버선 속 뒤집어 보이듯
홀라당 홀라당 속을 다 털어 보이는 일
당신 보기엔 누워 떡 먹기쯤 보일지 몰라도
돌아누워 혼자 눈물 찔끔거리는 일
한두 번으로 끝나는 일 아니니

응, 그래, 그래
그냥 허허허 웃어라도 주세요.
입 다물고 사는 게
세상 최고로 잘 사는 일이라는
당신 생각 모르는 바는 아니지만요
꽃 피는 날, 꽃 지는 날도 말없이 보내는 일.
눈 오고 비 오는 아침도 하늘 한 번 안 쳐다보는 일.

저만치 앞서, 저만치 뒤서
남인 양 혼자 걷는 일
다 없던 일인 양 눈감아 줄 수는 있지만
더 늙어 가면서 혼자 참새처럼 조잘대게 놔두진 마세요.
응, 그래, 그래
허허허 한 번이라도 그러면
남은 날 거울처럼 쳐다보고 살게요.

이별 후

가을비가 적시는 건 아직 낙엽으로도 덮이지 못한 이별의 발자국, 가져 가지도 못하고 두고 가지도 못한 빈 마음의 크기만큼 깊이 파인 발자국, 사랑의 뒷이야기를 마무리해야 하는 낙엽, 발자국 속에 눕다. 가을비 사랑 앞에 서 있기조차 애 무섭다. 감아야 보이는 그대라면 잠 속에서라도 감겠다.

너무 아픈, 너무 소중한 서정의 초가삼간

김선굉(시인)

1

정재숙의 세 번째 시집 『이런 날이 왔다』를 읽으면서, 면앙정 송순의 시조 한 수를 떠올렸다. 떠올렸다기보다는 그 시조가 정재숙의 미학 코드를 통해 내게로 다가왔다는 것이 더 정확한 표현이다. 그의 인생 앞에 당도한 '이런 날'은 어떤 날인가. 그것은 정재숙이 시인으로 산 삼십 년을 경영하여 너무 아픈, 너무 소중한, 너무 이쁜 서정의 초가삼간을 지어 올린 날이다.

십 년을 경영하여 초가 삼간 지어내니
나 한 칸 달 한 칸에 청풍 한 칸 맡겨두고
강산은 들일 데 없으니 둘러두고 보리라

—송순, 「십 년을 경영하여」(현대 국어 표기법 필자)

송순은 〈초가 삼간〉을 '나'와 '달'과 '청풍'으로 채운다. 나는 정재숙이 삼십여 년에 걸쳐 펴낸 세 권의 시집을 그가 지은 서정의 초가 삼간으로 생각했다. 물론 그의 시 세계는 오백여 년 전 강호가도의 지평을 연 송순 류의 낭만적 서정이 아니라, 시인이 걸어온 인생의 체온과 맥박과 숨결을 고스란히 담아내고 있다. 그리고 그 한 칸 한 칸은 생의 구간마다 그 몸짓과 표정을 달리 하면서, 나는 한 인간으로서, 시인으로서 내 생을 온몸으로 부둥켜 안고 이렇게 살아왔으며 이렇게 살아가고 있노라고 노래하고 있는 것이다.

첫시집 『내 시린 발목 덮어』(동진문화사, 1989)는 생사를 넘나들면서 암과 싸우는 과정에서 지은 참으로 아픈 방 한 칸이다. 시인은 〈옆 침대 산모/할머니는 어디가/편찮으세요//듣고 나서/생각해도/기가 막힐 일이었다//아파서 들지 못한/잠보다/더 괴로웠〉으며, 〈죽지 않으려고/누운 몸이/꼭 죽고만 싶어졌〉(「병원에서 만난 사람들」)던 것이다. 첫시집은 단아하고 소박한 정재숙 류의 서정을 열어 보이고 있지만, 대부분의 작품이 이렇게도 '기가 막히'고 '죽고만 싶'을 정도로 괴롭다. 얼마나 아팠겠는가. 얼마나 참혹했겠는가. 암세포를 잘라낼 때보다 더 아픈 심리적 통증이 시의 행간 여기저기서 시도 때도 없이 비집고 올라오고 있다. 이 시집은 천주교 묘지에

묻힐 자리까지 봐놓고 탈고한 너무 아픈 서정의 방 한 칸이다.

이 시집을 읽으면서 나는 문학의, 시의 치유력을 실감했다. 그는 시집 후기에서 "내 안에서 자라던 세포까지 잘라내고 엄청나게 크신 그 분 앞에 다시 섰을 때 시는 나에게 구원의 아득한 통로이기도 했다"고 고백하고 있다. 독실한 천주교인으로서 기도가 무엇보다도 큰 힘이 되었을 것이지만, 그의 생명을 소생시킨 결정적인 힘은 생사를 넘나들면서 눈물로 정리한 첫시집 그 서정의 놀라운 치유력이라고 생각한다. 시인은 췌장암과의 싸움을 이겨내고 지금도 소녀처럼 맑고 곱게 살아가고 있다. 〈할머니/할머니/나보고 한 소리였던가〉하면서 절규하던 시인이 지금은 정말 할머니가 되어 〈나는 이것들의 할미〉(「두툼한 발」)라고 노래하고 있다.

투병에서 일어나 다시 생활 속으로 돌아온 시인은 두 번째 방 한 칸을 짓고 『몽산집』(모아드림, 2008)이라는 문패를 단다. 이태수는 이 두 번째 방을 열어본 후에 "깨달음과 초월의 고해성사"로 가득 채워진 방이라고 했다. 말하자면 정재숙은 첫시집 이후, 그러니까 암병동을 벗어나 삶 속으로 돌아온 지 십 년만에 자신의 인생을 둘러싸고 있는 너무나 소중한 삶의 리얼리티를 노래한 두 번째 방 한 칸을 지은 것이다.

무릎 끌어안고 쪼그리고 앉아 울고 싶다
세상 구석구석 아직도 울 일은 많이 남아 있어
밤기차가 불빛 가랑가랑한 낯선 자그마한 역을
지날 때도 울어야 하고
돌 틈에 핀 그림자조차 갖지 못한
작은 꽃 보고도 울어야 하고

구불구불 버리고 온 길이 아까워서 울어야 하고
구름 한 조각 자유로움도 되지 못해 울어야 하고
고개 푹 처박고 따뜻한 볕 한 자락 쬐는
흙벽에 등 대고 쪼그리고 앉아
꼭 한 번만 소리 죽여 흐느껴 울고 싶다

—「울음 길」 전문

나는 이 지점에서 미당을 떠올린다. 정재숙은 〈이제는 돌아와 거울 앞에 선/내 누님 같이 생긴 꽃〉(서정주, 「국화 옆에서」)으로 돌아와서 〈소리 죽여 흐느껴 울고 싶〉도록 아름다운 살아 있음의 기쁨, 생명 그 자체의 환희를 온몸으로 소중하게 끌어안는다.

2

이야기는 오십여 년을 거슬러 올라간다. 소설가 이채

형의 「어둠이 내리면 아리랑으로!」(대구은행 사외보 『내 마음의 거리』, 2015)는 1960년대 중반 대구를 중심으로 한 경북 학생문단의 한 단면을 낭만적으로 회상한 글이다. 대구문우회의 이재행, 박해수, 장상태를 중심으로 흘러가다가, 향토문학회와 경북학생문학회로 넘어가면서 정재숙이 등장한다. 이채형의 산문에서 '안동의 정재숙'을 만나는 순간 나는 잠깐 책을 덮고 오십여 년 전의 추억을 더듬었다.

이 글 속에 나오는 정재숙이 내가 알고 있는 정재숙인가 하는 것이었다. 정재숙 시인과 나는 자주 만나서 이런저런 이야기를 나누기도 하였지만, 60년대가 대화의 테이블에 올라온 적은 없었다. 그는 나와 같이 경북 영양 청기가 고향이며, 안동에서 여고 시절과 교육대학을 유학했다. 한 번 더 읽으면서 나는 그 글 속에 등장한 '정재숙'이 지금 우리 곁에 있는 시인 정재숙이 틀림없다고 생각했다. 그리고 인생은 물론 시와 시집 또한 운명과 이어지는 것이라고 생각하면서, 나는 지금 그의 세 번째 시집을 읽어 나가고 있다.

60년대 중반 문학소녀 정재숙은 여고생이었으리라. 그가 학생 문단과 교류하기 위해 대구를 드나들었다는 것은 놀라운 일이 아닐 수 없다. 안동에서 대구까지 비포장도로 왕복 오백 리를 달려왔다는 것. 이 하나만으로도 그의 문청 시절이 얼마나 뜨거웠던지를 짐작할 수 있다. 오십 년 전 안동과 대구는 지금처럼 중앙고속도로를 한 시간만에 오갈 수 있는 거리가 아니었다. 편도 다섯 시간, 왕복 열 시간이 넘게 걸리는 먼 거리였으며, 웬만한 마음을 먹지 않으면 불가능한 여정이었다.

또 생각한다. 그 뜨거웠던 문청이 신춘문예도 아니고, 문학지도 아닌 시집으로, 그것도 마흔 중반의 나이에 등단하고 있다는 것도 눈이 가는 대목이다. 교편을 잡고 삶에 휩쓸리면서 한동안 문학과 멀어진 것도 운명이며, 새삼스럽게 문학의 옷깃을 잡고 시를 소환하여 끌어안는 것 또한 정재숙의 운명이라고 할 수 있다. 〈누구나 잘 알고 있다./지금 이렇게 된 것은 이렇게 되게 되어 있었다는 것〉(「슬픔이 없는 십오 초」)이라고 노래한 심보선의 적막한 노래를 빌리지 않더라도 문학에 휩싸인 정재숙 시인의 인생은 이렇게 흘러가고 있는 것이다.

그러면 생의 그 무엇이 그를 시와 서정의 영토로 이끌어간 것인가. 나는 그것을 자신의 인생을 있는 그대로 고스란히 끌어안고자 하는 긍정과 순명(順命)의 시정신이라고 진단한다. 특히 사십대 중반 무렵 목숨을 건 췌장암 투병을 이겨내면서, 정재숙은 가톨릭에 더욱 깊숙이 귀의하고 상당히 오래 동안 손을 놓다시피 한 문학의 불씨를 되살려내기 시작한다. 문학은 종교와 함께 그의 아픈 몸을 일으켜 세우고, 그의 인생을 향해 구원의 손길을 내미는 벗이자 스승이 된 것이다. 그리고 그는 시와 더불어 기꺼이 자신의 인생을 연소시키면서 아가페적 사랑을 부둥켜 안고 살아가는 것이다.

3

세 번째 시집 『이런 날이 왔다』는 첫시집 『내 시린 발목 덮어』와 두 번째 시집 『몽산집』에 이어지는 세 번째 서정의 방이다. 이 방이 갖는 의미는 무엇보다도 서정의 초가 삼간 한 채의 집이 완성되었다는 데 있다. 그리고 이 시집은 시력 삼십 년을 헤아리는 정재숙의 시 세계를 가로지르는 가장 깊고 가장 귀하고 가장 아름다운 통찰은 소멸의 미학이며, 특히 작품 「어미」는 그것을 선언적으로 명제화하고 있다.

껍데기만 남은 건
다 어미다.
할머니 그러셨다.
골뱅이 껍질 같다 골뱅이 껍질 같다.
물거품으로 속을 채운 골뱅이 껍질로
동동 물결 따라 흘러가신지 반백 년도 넘었다.

어머니 그렇게 속 다 파먹힌 빈 껍질로
떠내려간 지도 수십 년 되었다.

말없이 사라지는 거 그거 다 어미다.
해거름 녘 물 속 너럭바위 위에
새까맣게 달라붙어 있던 새끼 골뱅이들
내 아직 어릴 적 그 골뱅이들
그 어미에 그 어미에 그 어미였던 것들
그 새끼에 그 새끼에 또 그 새끼였던 나도
그 어미들처럼 동동 물 위에 떠서
흘러가겠지.

껍데기만 남은 어미는
이제 어미가 아니다.
흘러도 자꾸 흐르는 강물이다.

—「어미」 전문

정재숙의 시 세계에서 인생의 본질을 통찰하는 가장 중요한 모티브는 어머니다. '골뱅이 껍질'로 표상되는 '어미'는 사람을 넘어서서 생명을 생산하는 모든 존재를 끌어안는 우주론적 상상력으로 그 의미가 확산된다. 말하자면 정재숙의 시 세계는 〈껍데기만 남은 건/다 어미〉라는 긍정에서 출발하여 〈껍데기만 남은 어미는/이제 어미가 아니〉라는 부정에 이르는 그 사이의 공간과 시간에 대한 서정적 명상이다.

〈껍데기만 남〉았다는 것은 소멸이며, 〈말없이 사라지는 거〉 또한 소멸이다. 그리고 그 소멸은 여기서 그치는 것이 아니라 〈물거품으로 속을 채운 골뱅이 껍질로/동동 물결 따라 흘러가〉는 것이다. 이 지점에서 바라보는 '어미' 또는 어머니라는 것, 정재숙의 시에서 그 존재론적 의미는 끝없는 희생과 헌신으로 이어지고 있는 허무의 바다다. 그러나 그 허무는 극적인 반전을 통해 니힐리즘의 한계를 넘어서서 영원으로 이어진다. 〈껍데기만 남은 어미는/이제 어미가 아니〉지만, 그 '어미'는 〈흘러도 자꾸 흐르는 강물〉로 치환되어 영원으로 이어지는 것이다. 이처럼 〈어미가 아니〉라는 역설과 그 역설을 넘어서서 확대 재생산되는 '강물' 이미지는 정재숙 시 세계를 이해하는 대단히 중요한 제재이자 가장 핵심적인 모티브라고 할 수 있다.

나는 '골뱅이 껍데기' 이미지에서 존재의 허무를 보며, '강물' 이미지에 기대어 그 허무를 건너 영원으로 이어지는 생의 바톤 터치와 뜨거운 서정의 온도를 생각한다. 그 바톤은 '골뱅이 껍데기'로 떠나간 어머니가 내 손에 쥐어준 바톤이며, 내가 또 내 아이들에게 넘겨주면서 끝없이 이어지는 생명과 섭리의 모티브다. 특히 이 세 번째 방이 참으로 이쁜 것은 작품 「어미」가 주는 잔잔하면서도 뜨거운 감동을 넘어 인생에 대한 통찰과 그 미학적 아이덴티티를 바탕으로 참으로 건강하고 아름다운 이미지를 건져올리고 있기 때문이다.

밤은 강에서 금방 건져올린 물고기다.
은빛 비늘 번쩍이며
펄쩍펄쩍 뛰어 오르는
필사의 춤이다.
등골 타고 흐르는 떨림
반 쪽으로도 밤을 빛내던 달이
강으로 풍덩 뛰어든다.
순간 번쩍 한 줄기 빛으로 탄다.
오늘 밤도 축복이겠다.
집집마다 폭죽처럼 터져나오는
저 불빛.

—「밤을 살다」 전문

우선 〈밤은 강에서 금방 건져올린 물고기〉라는 은유에서 우리가 만나는 것은 시인의 원숙한 서정과 연륜을 훌쩍 뛰어넘는 풋풋한 감성과 탄력 넘치는 이미지다. 이것은 세 번째 시집, 그러니까 서정의 초가삼간 세 번째 방 『이런 날이 왔다』가 우리에게 던져주는 가장 큰 선물이다. 나는 정재숙의 세 번째 시집이 거느리고 있는 가장 큰 미덕을 건강한 맥박과 숨결을 지닌 비유, 생동감 넘치는 상상력에서 찾고 있다. 그리고 그 비유와 상상력이 시인의 인생에 대한 통찰에 의해 담보되고 있다는 점에서 감동의 폭은 더욱 깊고 넓다.

4

어머니
내 아이들을 보고 있으면
당신 생각이 납니다.
가슴에 안겨 와
엄마 냄새 맡는다는
아이들을 토닥이며
아득한 당신의 냄새를 찾아
기억의 나래를 퍼득여 봅니다.

항시 푸른 물빛
저고리 가슴 속으로
온 세상을 내어주시던 당신
쪽 진 머리 위
찰랑이던 물동이엔
늘 사랑이 넘쳐 흘렀습니다.

어머니
이제 내 아이들을
안고 있으면
나는 당신이
되곤 합니다.

눈 감으면 아득한
먼 당신의 냄새에 코를 묻으며
나는 날마다
당신이 되곤 합니다.

—「어머니」 전문

첫시집 『내 시린 발목 덮어』에서 가져온 이 작품은 「어미」와 함께 그의 작품 세계를 가로지르는 핵심적인 코드다. '어머니'에서 '나'를 건너 '내 아이'로 이어지는 생명의 바톤이 세대를 건너면서 어떻게 이어지고 있는지를 잘 보여주고 있다. 그는 〈어머니/이제 내 아이들을/안고 있으면/나는 당신이/되곤 합니다〉라고 고백한다. 그 어머니가 내게 그 바톤을 건네주던 손의 온도는 몇 도이겠으며, 내가 〈당신이/되〉어 〈내 아이들을/안고 있〉을 때 내 가슴의 온도는 대체 몇 도이겠는가. 어머니가 내게 사랑의 바톤을 넘겨주고 '껍데기만 남'긴 채 '강물'로 흘러가버린 것처럼, 나도 〈날마다/당신이 되〉어 내 아이들에게 모든 것을 넘겨주고 속이 텅 빈 골뱅이 껍질〉로 강물을 따라 흘러가리라는 것을 담담히 노래하고 있는 것이다. 그리고 그 생명의 바톤 터치는 '어머니'를 매개로 하여 뫼비우스의 띠처럼 끝없이 이어질 것이다. 굳이 온도계를 들이밀지 않더라도, 세대와 세대를 이어주고 있는 그 사랑과 희생과 헌신의 심리적 온도는 짐작하고도 남음이 있으리라.

5

이 시집을 읽어 나가면서 내가 가장 주목하는 것은 그의 서정적 휴머니즘이 어떻게 확장되어 가고 있는가 하는 것이다. 그는 세계의 중심에 가장 먼저 '어머니'로 표상되는 자신의 인생을 놓고, 그 동심원을 끝없이 확장해 나간다. 그 확장의 궁극에는 종교적으로 '엄청나게 크신 그 분'이 있지만, 서정적으로 더 큰 비중으로 다가오는 영역은 혈육이다. 그가 평생을 경영하여 지어올린 서정의 초가삼간에는 칸마다 혈육의 정이 넘쳐나고 있다. 그리고 이윽고 '이런 날'이 온 것이다.

이제
우리 사랑은

마지막 남은 고기 한 점 같은 것.

노릇노릇 잘 굽힌 거
연하고 즙이 졸졸 흐르는 거
골라가며 먹기 바쁘다가

딱 한 점 남은 순간

이제 이건 사랑을 걸고도 모자라
결사적으로 그대 몫이다.

—「이런 날이 왔다」 전문

〈마지막 남은 고기 한 점 같은〉 〈우리 사랑〉. 〈딱 한 점 남은 순간//이제 이건 사랑을 걸고도 모자라/결사적으로 그대의 몫이다.〉 이 문맥에서 '그대'는 대체 누구이겠는가. 시인의 눈에는 세상 사람 모두가 '그대'이겠지만, 가족, 특히 내 생의 바톤을 넘겨주는 '나의 어린 것들'이리라.

정재숙의 서정적 상상력은 너무 쉽게 들킨다. 슬쩍 비켜서 후려치는 맛이 덜하다. 내가 누구며, 어디서 왔으며, 내 인생이 어디로 이어지고 있는지를 어떠한 상징과 비유도 없이 거침없이 제시하고 있는 것이다. 우리가 당연히 그렇다고 생각하는 것을 그는 세상에 무슨 이런 축복이 있는가 하면서 놀라고 감탄하고 있다. 우리가 아무런 감동도 놀라움도 없이 받아들이는 생의 자연스러운 바톤 터치를 하염없는 감사와 축복으로 받아들이고 있는 것이다.

정재숙은 〈강을 빛나게 하는 건 거슬러 오르는 물의 몸짓이〉(「물의 몸짓」)라고 노래한다. 여기서 '강'은 시인의 인생이며, '물의 몸짓'은 현실과 당당히 맞서서 이겨내고자 하는 삶의 자세라고 할 수 있다. 그의 시 세계가 이 지점에서 역동적으로 굽이치면서 그의 인생을 '빛나게 하는' 것이다. 그러면 생의 그 무엇이 그를 시와 서정의 영토로 이끌어가고 있으며, 거기서 '물의 몸짓'과 같은 싱싱한 이미지를 건져올리게 하고 있는가. 나는 그것을 자신의 인생을 있는 그대로 끌어안고자 하는 긍정과 순명의 시 정신이라고 생각한다. 그 시 정신으로 짠 서정의 그물을 던져 건져 올린 것이 이 시집이다.

만인시인선 57

이런 날이 왔다

초판 인쇄 2016년 3월 25일
초판 발행 2016년 3월 31일

지은이 / 정 재 숙
펴낸이 / 박 진 환

펴낸 곳 / 만인사
출판등록 / 1996년 4월 20일 제03-01-306호
주소 / 41960 대구광역시 중구 명륜로 116
전화 / (053)422-0550
팩스 / (053)426-9543
전자우편 / maninsa@hanmail.net
홈페이지 / www.maninsa.co.kr

ISBN 978-89-6349-087-8 03810

값 8,000원

* 이 도서의 국립중앙도서관 출판시도서목록(CIP)은 서지정보유통지원시스템 홈페이지(http://seoji.nl.go.kr)와 국가자료공동목록시스템(http://www.nl.go.kr/kolisnet)에서 이용하실 수 있습니다(CIP제어번호 : CIP2016007802).